KB088841

즐거운 학교 생활을 위한 **1학년**

체험동화

자율성

즐거운 학교 생활을 위한

1학년 체험동화 자율성

2011년 2월 15일 초판 1쇄 펴냄 · 2013년 3월 15일 초판 2쇄 펴냄

펴낸곳 | ㈜ 꿈소담이
펴낸이 | 김숙희
글 | 고성욱
그림 | 윤세정

주소 | 136-023 서울특별시 성북구 성북동 1가 115-24 4층
전화 | 747-8970 / 742-8902(편집) / 741-8971(영업)
팩스 | 762-8567
등록번호 | 제6-473(2002. 9. 3)

홈페이지 | www.dreamsodam.co.kr
전자우편 | isodam@dreamsodam.co.kr

ISBN 978-89-5689-730-1 74810
        978-89-5689-725-7 74810 (세트)

● 책 가격은 뒤표지에 있습니다.
● 꿈소담이의 좋은 책들은 어린이와 세상을 잇는 든든한 다리입니다.

즐거운 학교 생활을 위한 **1학년**

체험동화

자율성

글 고성욱 | 그림 윤세정

소담 주니어

다빈이처럼 날기

엄마의 품은 따사롭지요.

아빠의 울타리는 포근하구요.

엄마와 아빠가 계신 가정, 따뜻한 그 공간은 그래서 작은 천국이랍니다.

학교는, 가정은 아니에요. 초등학교는 세상에서 처음으로 만나는 '사회'랍니다. 학교는 유치원과는 또 전혀 다른 세상이에요. 사회는 가정의 울타리를 벗어난 곳이지요. 가정은 내가 떼를 부려도 가끔 통하지만, 학교는 내 고집만 부릴 수는 없는 곳이랍니다.

그래서 1학년이 되는 건 몹시 설레지만, 조금 걱정이 되기도 할거예요.

다빈이는 개구쟁이 사내아이, 1학년이에요.

넘어지고, 깨뜨리고…….

까먹고, 잃어버리고…….

무엇 하나 제대로 하는 것이 없어요.

엄마 잔소리가 쏟아져도, 별로 달라지는 건 없어요. 걸핏하면 떼를 부리고, 툴툴거리지만 다빈이는 마음이 따뜻한 어린이예요. 여러분도 다빈이와 비슷하지요? 말썽쟁이이지만 맑고, 밝은 어린이

일 겁니다.

　　털보 선생님은 다빈이가 세상에서 처음으로 만난 학교 선생님이에요. 다빈이와 선생님 사이에는 이것저것 벌어지는 사건이 많습니다. 건망증 박사, 다빈이는 털보 선생님을 참 많이 속상하게 하지요. 그래서 더러 꾸중을 듣기도 합니다.

　구시렁구시렁.

　다빈이는 그럴 때마다 털보 선생님을 향해서 입을 삐죽거립니다. 선생님을 조금 미워하는 것 같지만, 훨씬 더 많이 사랑합니다. 그러면서 다빈이는 조금씩 조금씩 털보 선생님을 닮아가지요.

　웃는 얼굴을 바라보는 건 행복한 일이에요. 해맑게 깔깔거리는 어린이의 얼굴에서는 반짝반짝 빛이 나기도 합니다.

　처음부터 끝까지, 입가에 미소를 머금게 하는 이야기.

　그렇게 배시시 웃다가 마지막 책장을 덮는데 갑자기 툭, 눈물 한 방울이 떨어지는 가슴 아린 이야기를 쓰고 싶었습니다.

　정말 그런 이야기가 되었을까요?

　나는 잘 모르겠습니다.

　여러분의 대답이 궁금하군요.

입학식 하는 날

늘푸른초등학교

교문에 학교 이름이 커다랗게 쓰여 있었습니다.

"여기가 네가 다닐 학교야."

엄마가 조금 떨리는 목소리로 말씀하셨어요.

오늘은 다빈이가 초등학교에 입학하는 날이에요.

사람들이 아이들 손을 잡고 운동장을 가로질러 가

고 있어요. 입학식을 하는 강당으로 가는 것이지요.

강당 앞 게시판에 아이들 이름이 반별로 적혀 있었어
요. 모두 4반까지 있었지요. 다빈이는 2반이 되었어요.

강당 안에서 선생님들이 아이들을 기다리고 계셨어
요. 선생님들 손에는 이름표 목걸이가 들려 있었어요.
남자 선생님도 한 분 끼어 있었지요. 희끗희끗한 수염이
텁수룩하게 나신 선생님이에요.

"1학년 1반, 여기요."

빨간 머플러를 두른 여자 선생님이 손을 흔드셨어요.

"1학년 4반!"

노란 테 안경을 쓰신 예쁜 여자 선생님도 소리를 지르셨어요.

그때, 다빈이가 갑자기 걸음을 멈추며 커다란 소리로 말했어요.

"난 할아버지 선생님은 싫어. 예쁜 선생님이 좋아."

엄마가 깜짝 놀란 듯이 얼른 다빈이 입을 틀어막았어요. 선생님들이 다빈이의 말을 들으셨나 봐요. 이쪽을 바라보며 빙그레 웃으셨어요.

"자, 2반은 여기예요."

털보 선생님이 소리치셨어요. 바로 2반 선생님이었던 거예요.

"헐!"

다빈이가 울상을 지으며 엄마를 올려다보았어요. 엄

마도 조금 당황한 표정이었어요. 엄마는 다빈이의 손목
을 꼭 잡고, 털보 선생님 쪽으로 다가갔어요. 털보 선생
님이 얼굴에 웃음을 하나 가득 물고 다빈이를 맞아 주셨
어요.

"네 이름이 뭐니?"

털보 선생님이 물으셨어요.

"……."

"이름이 뭐야?"

"도, 다, 빈."

한 글자씩 다빈이가 이름을 말했어요.

"아, 네가 다빈이로구나. 이름이 멋져서, 누군지 보고 싶었는데……."

감사합니다, 라고 말해야 할 것 같았어요. 하지만 이 상하게 그 말이 나오지 않았어요. 선생님이 다빈이의 목에 이름표 목걸이를 걸어 주셨어요. 그러더니 다빈이를 살짝 안아 주시면서, 귀에다 대고 말씀하셨어요.

"내가 예쁜 선생님이 아니어서 어떡하지? 미안하구나."

속삭이듯 낮은 목소리였어요.

'콩콩콩.'

다빈이는 무슨 큰 잘못을 하다 들킨 사람처럼 가슴이 동동거렸어요.

"하지만 나는 노래를 아주 잘 부른단다. 노래는 내가 예쁜 선생님보다 더 멋있게 부를걸? 혹시 다빈이도 노래 부르기를 좋아하니?"

털보 선생님이 조금 큰 소리로 물으셨어요.

아뇨, 라고 대답하고 싶었어요. 다빈이는 노래 부르기를 별로 좋아하지 않기 때문이지요. 하지만, 그러면 털보 선생님이 조금 슬퍼할지 모른다는 생각이 들었어요. 그래서 그냥 아무 대답도 안 했어요. 그랬더니 털보 선생님이 다시 한 번 더 물으셨어요.

"노래 부르기가 싫어?"

"……."

"……."

"난 그림 그리기가 더 좋아요."

다빈이가 작은 목소리로 대답했어요. 옆에 선 엄마가 이상하게 쩔쩔매셨어요.

"그래? 그렇지만 나랑 공부하면 아마 틀림없이 노래 부르기를 좋아하게 될 거야."

털보 선생님이 더듬거리듯이 말씀하셨어요.

마침 그때, 여자 아이 하나가 다빈이 뒤에 와서 줄을 섰어요. 엄마는 얼른 다빈이를 데리고 뒤로 물러났어요. 그래서 간신히 털보 선생님에게서 멀어질 수 있었어요.

엄마의 고자질

다빈이 아빠가 모처럼 일찍 퇴근을 하셨습니다. 가족이 함께 외식을 하기로 했기 때문이에요. 다빈이의 초등학교 입학을 축하하는 자리예요. 그래서 오늘은 다빈이가 좋아하는 돈가스를 먹으러 갔어요.

모두 맛있게 저녁을 먹은 뒤, 가족들이 아빠 차에 올랐어요. 시동을 걸고 차를 출발시킨 아빠가 물으셨어요.

"다빈아, 초등학생이 된 기분이 어때?"

초등학생이 된 기분?

다빈이는 아무 대답도 하고 싶지 않았어요.

그때, 엄마가 갑자기 입을 떼셨어요.

"오늘 입학식 하러 가서 무슨 일이 있었는지 알아요?"

학교에서 있었던 일을 말씀하시려는 모양이었어요. 엄마의 고자질이 시작되는 거예요. 엄마는 생수병을 들더니 물을 한 모금 마셨어요.

그때 마침 동생 다윤이가 톡 끼어들며 엉뚱한 말을 했어요.

"오빠, 물이 영어로 뭔 줄 알아?"

"워터."

다빈이가 창밖을 내다보며 대답했습니다.

"피, 아니야."

"아니라고? 맞아. 영어로 물은 워터야."

"아니라니까."

"그럼, 뭐야?"

"물은 영어로 셀프야."

"뭐?"

엄마가 '쿡' 하고 웃음을 터뜨렸어요. 그 바람에 입에

물었던 물을 왈칵 쏟았어요. 운전을 하시던 아빠도 킥킥

거렸어요.

"음식점에 쓰여 있었어. 물은 '셀프' 라고."

엄마, 아빠가 다시 깔깔거렸어요. 다빈이는 다윤이 머리통을 한 대 쥐어박았어요. 다윤이는 영문을 몰라 하면서도 헤헤거렸어요. 식구들이 자기 말을 듣고 깔깔거리는 게 재미있었던 모양이에요.

그때 다빈이가 갑자기 소리를 질렀어요.

"애고, 큰일 났다."

할머니가 사 주신 새 목도리를 음식점에 놓고 온 거예요. 초등학교 입학 기념으로 백화점에서 사 주신 것이지요. 엄마가 소리를 지르셨어요.

"너, 그래 가지고 도대체 학교 어떻게 다닐래?"

"치, 그럼 안 다니면 되지."

"뭐, 학교를 안 다녀? 그래, 알았어. 다니지 마. 학교가 얼마나 신 나는 곳인데. 여보, 쟤 내일부터 학교에 안 보낼게요. 자기 물건 하나 간수 못 하는 저런 녀석은 학교 다닐 자격이 없어요."

그러더니 엄마는 다빈이가 아빠를 닮아 그렇다고, 아빠까지 공격했어요. 아빠가 슬그머니 엄마 편을 드셨어요.

"그래, 아무래도 다빈이는 학교에 다니기 힘들겠다."

아빠까지 그렇게 말씀하실 줄은 몰랐어요. 다빈이는 야단을 치는 엄마보다, 놀리는 아빠가 더 미웠어요.

"싫어, 싫어, 싫어! 다닐 거야, 다닐 거야!"

다빈이는 의자를 마구 걷어차면서 소리를 질렀어요.

아빠가 자동차를 음식점 쪽으로 휙 꺾으셨어요.

그 소동 덕분에 다행히 엄마의 고자질은 슬쩍 넘어갈 수 있었어요.

다빈이네 집의 아침은 늘 어수선합니다.

"여보, 내 넥타이."

"엄마, 내 그림일기장."

주로 아빠와 다빈이가 엄마를 찾았어요. 오늘은 잠자리에서 늦게 일어난 다윤이까지 엄마에게 응석을 부렸어요.

"엄마, 우유."

"넥타이는 꺼내 놓고, 일기장은 가방에 넣어 두었어. 다윤이는 냉장고에서 우유 좀 꺼내 먹을래?"

다빈이가 초등학교에 다닌 지 두 달이 조금 지났습니다.

1학년 국어책은 모두 세 권이나 돼요. '듣기·말하기', '읽기', '쓰기' 이렇게 세 권이지요. 어제는 국어 시간에 '쓰기'를 공부했어요. 그림일기에 대해서 배웠어요.

공부를 하고 나서 선생님이 '그림일기 쓰기' 숙제를 내 주셨어요. 다빈이는 집에 돌아와 정성껏 그림일기를 썼어요.

아침에 학교에 가니 선생님이 일기장을 거두셨어요. 선생님은 일기장을 하나씩 검사하시더니, 넷째 시간에 일기장을 도로 나누어 주셨어요.

"이건 누구 일기장이지?"

선생님이 파란색 공책 한 권을 흔들며 물어보셨어요.

제	목	:	다	윤	이	는		초	보		운	전
우	리		엄	마	는		자	동	차	에	'	왕	초
보	'	라	는		글	자	를		써		붙	이	고	다
니	셔	요	.		어	제	는		동	생	이		새	자
전	거	를		샀	어	요	.		동	생	이		자	기	의
새		자	전	거		뒤	에		'	왕	초	보	'	라	고
조	그	맣	게		써		붙	였	어	요	.		엄	마
흉	내	를		낸		거	예	요	.		그	런		다	윤
이	가		아	주		귀	여	웠	어	요	.			

하지만 아무도 손을 드는 아이가 없었어요.

"누가 일기장에 이름을 쓰지 않았지? 일기는 재미있게 잘 썼는데……."

선생님이 그림일기를 실물화상기에 놓고 확대하여 보여 주셨어요.

'아이코, 이를 어째?'

다빈이는 가슴이 콩닥콩닥 뛰었어요. 바로 자기 일기장이었던 거예요. 오늘은 다빈이가 공책에 이름 쓰는 걸 깜빡한 거예요.

그때, 혜연이가 말했어요.

"다윤이는 다빈이 동생이에요."

아이들이 모두 다빈이를 돌아다보았어요.

"그래? 그럼 다빈이 일기장이로구나. 일기는 참 재미있게 잘 썼는데, 공책에 이름 쓰는 걸 깜빡했구나."

다빈이는 부끄러워서 얼굴이 빨개졌습니다.

오월이 되었습니다.

엄마가 거실에서 뜨개질을 하고 계셨어요. 방에서 나온 다빈이가 엄마에게 아무 말 없이 알림장을 툭 던졌어요.

엄마가 다빈이의 얼굴을 힐끔 올려다보시더니 알림장을 펼치셨어요.

선생님이 알림장에 이렇게 써 놓으셨습니다.

다빈이가 오늘도 준비물을 안 가져왔습니다. 잘 챙겨
주세요.

"아니, 어제 엄마가 책가방에 준비물 챙겨 넣어 주었
잖아?"

"몰라, 없었어."

"없었다구?"

"아침에 운동장에서 놀다가 가방을 쏟았어."

"가방을 쏟아? 그런데 '오늘도'는 또 뭐야?"

"지난주에도 한 번 그런 적이 있었어."

엄마가 아주 골난 표정을 지으시며 다빈이를 노려보
셨어요.

그러더니 엄마 입에서 소나기 같은 잔소리가 쏟아져
나왔어요.

이웃집 보라는 준비물을 모두 스스로 챙긴다, 너는 엄

마가 넣어 준 준비물도 잃어버리고 다닌다, 왜 물건에 이름을 쓰지 않니, 정리정돈은 왜 하나도 못하냐, 서랍은 왜 그리 엉망이니, 동생보다 못한 녀석이 무슨 오빠냐…….

다빈이는 귀를 틀어막으며 자기 방으로 쑥 들어갔어요. 방 안이 엉망이었어요. 책상도 너저분했어요. 며칠

전, 털보 선생님이 하셨던 말씀이 생각났어요.

"정리정돈을 제대로 못하는 사람은 1학년 2반 자격이

없어요. 다른 반으로 가게 될지도 몰라요."

책상을 정리할까?

귀찮은데, 그냥 다른 반으로 가 버릴까?

하지만, 왠지 1학년 2반을 떠나기가 싫었어요.

'치! 그까짓 책상 정리, 나도 하면 되지 뭐.'

다빈이가 주섬주섬 책상 정리를 하기 시작하였어요.

먼저 늘어놓았던 책을 책꽂이에 꽂았어요. 너저분한 물건은 서랍 속에 집어 넣었어요. 물티슈를 꺼내서 쓱쓱 쓱 닦기도 했어요. 책상이 금방 깔끔해졌어요. 그랬더니 조금 힘은 들었지만, 기분이 참 좋아졌어요.

다빈이는 이제 숙제를 해야 되겠다는 생각을 했어요. 엄마 잔소리를 듣지 않고, 스스로 숙제를 하는 건 처음 이에요.

내일은 국어 시간에 친구들 앞에서 '자기소개하기'를 공부할 거예요. 다빈이는 국어 '듣기·말하기' 교과서 를 펼쳤어요.

선생님이 자기소개를 할 내용을 간단히 써 오라고 하 셨어요. 그게 숙제예요.

이렇게 쓴 다음, 다시 읽어 보는데 엄마가 방으로 들어

오셨어요. 다윤이도 엄마 뒤를 쪼르르 따라 들어왔어요.

엄마가 눈을 흘기시며 알림장을 건네 주셨어요.

죄송합니다. 앞으로 주의하겠습니다.

엄마의 글씨가 쓰여 있었습니다.

“엄마, 죄송해요.”

다빈이가 말했어요.

엄마가 살짝 알밤 한 대를 주셨어요. 그러더니 엄마는 다빈이가 써 놓은 자기소개를 들여다보셨어요.

“다빈아, 네가 사는 곳이 ‘우리 집’이야?”

“그럼 어디야? 내가 남의 집에 살아?”

엄마는 어이가 없다는 듯 혀를 끌끌 차셨어요.

그때, 다윤이가 쏙 끼어들며 말했어요.

“이건 ‘샘터마을’ 같은 걸 쓰는 거야.”

“초등학교 1학년이 어떻게 유치원 동생만도 못하니?”

다빈이는 동생에게 주먹을 흔들어 때리는 시늉을 했어요. 다윤이가 입술을 쑥 내밀었어요. 하지만, 그 말이 맞는 것 같았어요.

엄마가 방에서 나가신 후, 다빈이는 ‘우리 집’을 얼른 ‘샘터마을 202동’으로 고쳐 썼어요.

숙제를 마친 다빈이는 알림장을 펼쳤어요. 먼저 내일 시간표를 꺼내 놓고, 책가방에 교과서를 한 권씩 넣었어요. 그리고 준비물도 찬찬히 확인했어요. 숙제도 잘했고, 시간표대로 교과서도 가방에 넣었고, 준비물도 모두 챙겼어요. 내일은 털보 선생님께 칭찬을 받을 것 같았어요. 다빈이는 기분이 아주 좋아졌어요.

다빈이는 불을 끄고, 자리에 누웠어요. 갑자기 오늘 '즐거운 생활' 시간에 털보 선생님께 배운 노래가 생각 났어요. 교과서 34쪽에 나오는 '우리 집은 웃음바다' 라는 노래예요.

한 계단 오르면 엄마 얼굴, 두 계단 오르면 아빠 얼굴
나를 보면서 항상 웃어요, 언제나 우리 집 웃음바다
언니가 웃을 때 방긋방긋, 오빠가 웃을 때 싱글벙글
우리들 모두 웃고 살아요, 언제나 우리 집 웃음바다

이 노래는 돌림노래예요. 돌림노래는 꼬리에 꼬리를 물고, 이어서 부르는 노래예요. 처음에는 분단별로 이어 부르기를 했어요. 다음에는 남자와 여자가 편을 갈라 불렀어요. 마지막으로 아이들과 선생님이 편을 나누어 불렀어요. 우리 반 아이들 모두가 한 편이고, 털보 선생님

은 혼자서 편을 하셨어요. 하지만, 선생님은 우리들에게 지지 않으셨어요. 털보 선생님이 노래 부르는 목소리는 정말 멋졌어요. 선생님은 4박자 손뼉치기도 가르쳐 주셨어요. 그래서 더욱 신나는 시간이었어요.

문득 입학식 날 털보 선생님이 하셨던 말씀이 생각 났어요.

"노래 부르기가 싫어?"

"······."

"······."

"난 그림 그리기가 더 좋아요."

다빈이가 작은 목소리로 대답했어요. 옆에 선 엄마가 이상하게 쩔쩔매셨어요.

"그래? 그렇지만······ 나랑 공부하면 아마 틀림없이 노래 부르기를 좋아하게 될 거야."

다빈이는 어두운 침대 위에서 '우리 집은 웃음바다' 를 콧노래로 흥얼거렸어요. 그랬더니 노래 부르기가 아주 좋아졌어요.

'맞아!'

다빈이가 갑자기 침대에서 발딱 일어나더니, 책상 위의 전기 스탠드에 불을 켰어요. 책가방을 뒤져서 국어

'듣기 · 말하기' 책을 꺼냈어요. 그리고 조금 전에 한 숙제를 다시 펼쳤어요.

다빈이는 필통에서 지우개를 찾았어요. 좋아하는 것에 '그림 그리기'라고 써 놓은 것을 지우개로 지웠어요. 그 자리에 '노래 부르기'라고 써넣었어요.

이제 다빈이는 그림 그리기보다 노래 부르기가 훨씬 더 좋아졌어요.

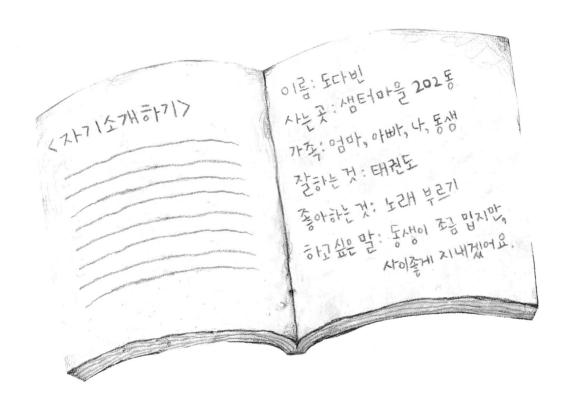

<자기소개하기>

이름: 도다빈
사는 곳: 샘터마을 202동
가족: 엄마, 아빠, 나, 동생
잘하는 것: 태권도
좋아하는 것: 노래 부르기
하고 싶은 말: 동생이 조금 밉지만,
사이좋게 지내겠어요.

'내일 선생님이 이걸 보시면 기분이 좋아지시겠지?'

그런 생각을 하니 마음이 행복했어요.

다빈이는 베개를 품에 끌어안았어요. 그러고는 금방 깊은 잠에 빠져들었어요.

미워, 미워, 미워

이상한 일입니다. 정말 귀신이 곡할 노릇이에요.

도대체 이게 어떻게 된 일이지요?

국어 '듣기 · 말하기' 교과서가 어디로 사라져 버렸어요. 아무리 샅샅이 가방을 뒤져도 교과서가 보이지 않는 거예요.

"도, 다, 빈!"

털보 선생님이 화가 잔뜩 나셨어요. 이름을 또박또박

부르시는 선생님의 표정이 아주 무서웠어요.

"오늘은 교과서를 안 가져온 거야? 다빈이가 선생님

을 정말 속상하게 하는구나."

그게 아닌데…….

어젯밤에 분명히 준비물을 챙겼는데…….

알림장도, 준비물도, 교과서도 분명히 넣었는데…….

오늘은 가방을 엎지도 않았는데…….

도대체 어떻게 된 일일까요?

"장난이 아니야!"

다윤이는 신기한 걸 보면 늘 그런 말을 했어요. 오늘 털보 선생님의 표정은 장난이 아니었어요. 정말 화가 많이 나신 것 같았어요.

'잘못했어요, 선생님. 그렇지만…….'

다빈이는 뭐라고 핑계를 대고 싶었어요. 하지만 아무 말도 나오지 않았어요. 어떻게 된 일인지 알아야 핑계라도 댈 수 있겠지요.

슬픈 마음이 밀려 올라왔어요.

한참 다빈이를 노려보시던 선생님이 쌩 돌아서 가 버리셨어요.

터덜터덜.

집으로 돌아가는 다빈이의 발걸음이 힘이 없어 보였이요. 아무리 생각해도 이상한 일이었어요.

'혹시, 다윤이가?'

아뇨. 절대 그럴 리는 없어요.

그런데 도대체 어떻게 된 일일까요?

다빈이는 앞에 놓인 조그만 돌을 뻥 걷어찼습니다.

딩동딩동.

집에 돌아온 다빈이는 초인종을 눌렀어요. 하지만 안에서 아무 대답이 없었어요.

딩동딩동.

딩동딩동.

다빈이는 계속 초인종을 거칠게 눌렀어요. 엄마가 바쁘게 달려오는 소리가 들렸습니다.

"다빈이니? 엄마가 세탁기 돌리느라고 초인종 소리를 못 들었나 보네."

엄마가 활짝 웃는 얼굴로 다빈이를 향해 팔을 벌렸어요. 하지만, 다빈이는 엄마 품으로 달려들지 않았어요. 책가방을 집어던지고, 소파에 벌러덩 누웠어요.

"왜 그래? 무슨 일이 있었어?"

엄마가 걱정스런 목소리로 물었어요.

다빈이는 아무 대답도 하지 않았어요.

"자기소개는 잘했어? 열심히 준비하더니……."

"몰라, 몰라, 몰라!"

다빈이는 소리를 지르며 방으로 뛰어 들어갔어요. 그러고는 방문을 콱 잠가 버리고, 책상 위에 철퍽 엎드렸어요.

아, 그런데!

바로 거기에 교과서가 있었던 거예요.

다빈이는 그제야 어떻게 된 일인지 알게 되었어요. 어젯밤에 침대에 누웠다 일어나 '그림 그리기'를 '노래 부르기'라고 고쳐 쓰고는, 교과서를 다시 책가방에 넣는 걸 깜빡했던 거였어요.

그걸 생각하니 자기 자신에게 막 화가 났어요.

다빈이는 필통을 꺼내서, 지우개를 찾았어요. 그러고는 '노래 부르기'라고 고쳐 썼던 걸 다시 막 지웠어요. 책이 찢어질 정도로 힘을 주어 박박박 지웠어요. 그러고는 그 자리에 도로 '그림 그리기'라고 써넣었어요.

'바보탱이 선생님! 미워, 미워, 미워!'

톡.

눈물 방울 하나가 교과서 위로 떨어졌습니다.

꽃들에게 말 걸기

여름 방학을 며칠 앞둔 날이었습니다.

새벽부터 장맛비가 세차게 내렸어요. 빗줄기가 마구 창을 때렸지요.

"여보, 내 양말."

"엄마, 우산 어디 있어?"

"엄마, 우유."

아침에 다빈이네 집 안에서 울리는 소리도 빗소리만

큼이나 시끌벅적했어요.

"엄마가 외가에 갈 준비하느라 바쁘거든. 자기 물건은 모두 자기가 챙기도록 해요."

엄마가 방 안에서 큰 소리로 외치셨어요.

아침에, 교실에 들어선 다빈이가 선생님께 알림장을 쓱 내밀었습니다.

선생님, 죄송합니다. 제가 오늘 급한 일이 있어서 문을 잠그고 나가야 합니다. 학교가 끝나고, 다빈이를 조금 돌보아 주실 수 있나요? 두 시까지 데리러 가겠습니다.

엄마가 쓰신 편지였어요. 선생님이 빙그레 웃으시며 말씀하셨어요.

"아무렴, 그래야지. 우리 귀여운 다빈이가 혼자 있으면 혹시 나쁜 사람이 데려가려고 할지도 몰라. 엄마가 오실 때까지 나랑 같이 있자. 선생님이 오늘 우리 다빈이랑 맘껏 데이트할 수 있겠네."

'다빈이랑 데이트?'

다빈이는 그 말이 아주 듣기 좋았어요. 그래서 기분이 좋아졌어요.

학교가 끝나자, 아이들이 모두 집으로 돌아갔어요. 텅 빈 교실에는 다빈이만 혼자 남아 있었지요.

밖에 잠깐 나가셨던 선생님이 손에 물뿌리개를 들고 들어오셨어요.

"나랑 같이 화분에 물 줄까?"

선생님은 화분에 물을 주시면서 꽃들에게 중얼중얼 말을 거셨어요. 마치 아이들에게 이야기를 하는 것처럼 말이에요.

"아침에 내가 물 주는 걸 깜빡했구나. 목말랐지?"

"어? 넌 처음 보는 이파리로구나."

"이 상처는 언제 생긴 거야? 어떤 녀석이 아프게 했어?"

털보 선생님이 꽃들과 얘기하는 모습을 바라보고 있던 다빈이가 여쭈었어요.

"선생님, 그렇게 말하면 꽃들이 알아들어요?"

"그럼, 알아듣고말고. 마음이 통하면 다 알아들을 수 있단다. 나는 다빈이 마음도 다 알아. 알아맞혀 볼까? 지금 선생님이 웃긴다고 생각하고 있지?"

"엥?"

"그것 봐."

"헤헤헤……."

그런데 그건 사실이었어요. 꽃들에게 말을 거는 털보

선생님이 조금 웃겼거든요. 그래도 다빈이 마음까지 알아낸 건 놀랄 일이었어요. 하지만 그건 털보 선생님이 그냥 짐작으로 한 말일 거예요.

"선생님은 뭘 제일 잘하세요? 뭐가 일등이세요?"

다빈이가 갑자기 이렇게 여쭈었어요.

"일등? 그건 갑자기 왜? 엄마가 너보고 일등이 되라고 하셨어?"

"아뇨. 그건 아니에요."

"음, 글쎄……. 나는 뭘 잘할까? 아, 선생님은 학교에 오는 게 일등이야. 우리 학교에서 나보다 더 일찍 출근하는 사람은 없어. 허허허, 시시하지? 그럼 우리 다빈이는 뭘 제일 잘하니?"

"저는 잘하는 게 없어요. 엄마한테 혼나는 게 일등이에요."

풀이 죽은 목소리였어요.

다빈이는 자신 있는 게 정말 하나도 없었어요. 준비물

도 못 챙기고, 물건도 잘 잃어버리고, 정리정돈도 못하

고, 그래서 만날 혼나고……

선생님이 눈을 동그랗게 뜨고 다빈이에게 말씀하셨어요.

"그런 건 하나도 어려운 게 아니야. 단지 조금 차근차근하지 못해서 그런 것일 뿐이야. 물건 챙기기는 조심성만 기르면 누구나 잘할 수 있어."

"정말이에요?"

"그렇고말고. 노력하면 누구나 잘할 수 있는 거야. 그 대신 우리 다빈이는 착하고, 약속을 잘 지키잖아. 그래서 선생님은 우리 다빈이가 참 예뻐!"

선생님이 다빈이 머리를 쓰다듬으며 말씀하셨어요. 다빈이는 조금 부끄러웠어요. 하지만, 어깨가 으쓱해졌지요.

어쩐지 이제 자기도 정말 잘할 것 같다는 자신이 생겼어요.

나는 나는 자라서

여름 방학이 끝나고, 2학기가 되었습니다. 가을이 시작된 거예요.

1학년 2반으로 한 아이가 전학을 왔어요. 이름이 영철이예요.

영철이는 울보였어요. 전학을 오던 날부터 울음보가 터지기 시작하였어요. 영철이는 제 맘에 안 드는 일이 있으면 우선 울음부터 터뜨렸어요. 준비물을 안 가져와도

울었어요. 혼날 일이 생겨도 그냥 울음을 터뜨렸어요.

털보 선생님도 영철이에게는 쩔쩔매셨어요. 야단을 치면, 영철이가 더 크게 울음을 터뜨렸기 때문이에요.

영철이는 한글도 제대로 쓸 줄 몰랐어요. 글자를 쓸 때, 마치 그림 그리는 것처럼 썼어요. 영철이는 수학 계산도 잘 못했어요. 덧셈, 뺄셈을 할 때 손가락을 하나하

나 접었다 폈다 하며 계산을 했어요.

아이들이 그런 영철이를 '바보'라며 놀렸어요. 그러다가 털보 선생님 눈에 띄면 되게 혼이 났어요. 선생님이 무서운 표정을 지으며 말씀하셨어요.

"영철이는 바보가 아니야. 단지 우리랑 생각하는 게 조금 다를 뿐이야."

선생님이 그렇게 말씀하셨지만, 그 말을 받아들이는 아이는 별로 없었어요. 다빈이가 생각해도 영철이는 조금 바보 같았거든요.

토요일이었어요. '창의적 체험 활동' 시간에, '나는 나는 자라서'란 주제로 발표를 하였어요. 어른이 되면 무엇이 되고 싶은지 말하는 공부였지요.

아이들이 자기가 생각한 것을 신 나게 발표하였어요. 진수가 먼저 말했어요.

"저는 축구 선수가 될 거예요."

진수는 말을 하고 나서 두 팔을 번쩍 들며 "대~한민국!" 하고 외쳤어요. 그러자 다른 아이들도 따라서 "대~한민국!" 하고 소리 높이 외쳤어요.

아이들은 되고 싶은 게 참 많았어요. 선생님, 과학자, 우주인, 만화가……. 댄스 가수가 되겠다는 아이도 있었어요.

새침데기 보라도 손을 들었어요.

"저는 박사님이 되고 싶어요."

선생님이 보라에게 물으셨어요.

"보라는 무슨 박사님이 되고 싶은데?"

"의학박사요. 몸이 아픈 사람들을 잘 도와주고 싶어서 예요."

아이들이 손뼉을 쳤어요. 보라가 박사님이 되겠다고 하니까, 다른 아이들도 서로 박사가 되겠다고 하였어요.

"나는 법학박사가 될래요."

"나는 생물학박사요."

"나는 우리 작은아빠처럼 문학박사가 될 거예요."

아이들의 말을 들으며 다빈이도 박사님이 되고 싶어졌어요. 하지만, 무슨 박사가 되어야 좋을지 몰랐어요. 그래서 손은 들지 않았어요.

바로 그때, 울보 영철이가 손을 번쩍 들었어요. 모두들 깜짝 놀랐어요. 영철이가 발표를 하겠다고 손을 든 건 이번이 처음이거든요. 선생님도 조금 놀라시는 표정이었어요. 선생님이 얼른 영철이를 시켰어요.

"저도 박사님이 될래요."

"영철이는 무슨 박사가 될 건데?"

"김 박사요."

영철이가 우렁찬 목소리로 대답하였어요.

'김 박사?'

의학박사, 문학박사, 법학박사, 이런 박사는 들어 보았지만, 김 박사는 처음 듣는 말이었어요.

'김을 잘 만드는 박사인가?'

선생님도, 아이들도 무슨 말인지 몰라서 어리둥절했어요.

"김 박사는 무슨 일을 하는 박사지?"

선생님이 다시 물으셨어요.

"김 박사는, 김영철 박사예요."

선생님이 비로소 영철이의 말을 알아들으시고 고개를 끄덕이셨어요. 여기저기서 아이들이 킥킥거렸어요. 어디선가 "바보!"라는 소리가 들렸어요. 하지만, 선생님은 활짝 웃는 얼굴로 영철이를 바라보셨어요. 그리고 엄지손가락을 치켜세우셨어요.

"와우, 우리 영철이 멋있다. 이다음에 꼭 김 박사님이 되세요."

선생님이 칭찬을 해 주시자, 아이들이 손뼉을 쳤어요. 나는 김 박사가 되겠다고 자신 있게 말하는 영철이가 조금 부러웠어요.

"영철이는 우리랑 생각하는 게 조금 다른 거야."

선생님이 하신 그 말씀이 무슨 뜻인지 알 것 같았어

요. 영철이가 갑자기 아주 멋있게 보였어요.

그때였어요. 혜연이가 다빈이를 흘낏 바라보며 말하였어요.

"선생님, 다빈이는 벌써 박사님이에요."

"다빈이가 박사님이라고?"

"네. 건망증 박사요."

혜연이의 말에 아이들이 책상을 두드리며 깔깔거렸어요.

"맞아. 다빈이는 건망증 박사야."

데굴데굴 옆으로 구르는 아이도 있었어요. 다빈이는 살짝 기분이 나빠졌어요. 선생님이 그걸 눈치 채셨나 봐요.

"여러분, 다빈이는 그저 조심성이 조금 부족했던 것뿐이에요. 하지만, 1학기와는 달리 이젠 준비물도 잘 가지고 오잖아요? 거기에다 다빈이는 우리 반에서 마음이 가장 따뜻한 사람이에요. 우리 반 친구들이 어려운 일을 당하면 제일 잘 도와주는 사람이 누구죠?"

"도다빈이요."

아이들이 모두 한목소리로 대답했어요. 손뼉을 치는
아이도 있었어요.

다빈이는 또 얼굴이 빨개졌어요.

다빈이의
고집

 개천절인 10월 3일에 늘푸른초등학교에서는 운동회를 열어요. 늘푸른초등학교의 모든 가족들이 함께 참여하는 아주 큰 행사이지요.

 운동회를 멋지게 꾸미려고 9월 한 달 내내 전교생이 열심히 운동회 연습을 하였어요. 가을 햇살이 따가워서 아이들 얼굴이 모두 새까매졌어요.

 오늘은 1학년의 꼭두각시춤 연습이 있는 날이에요.

도령과 각시 의상을 입고 연습을 하기로 한 날이지요.
어제 저녁부터 날이 꾸물거리더니 밤사이에 무척 많은
비가 내렸어요. 비는 아침까지도 쉬지 않고 계속 내렸어
요. 하늘이 시커먼 구름으로 덮여졌어요.

다빈이는 비가 내리는데도 체육복을 차려입었어요.
보조가방에 꼭두각시 도령 의상까지 넣고 집을 나설 채
비를 했어요.

"오늘은 비가 와서 운동회 연습을 못 해. 꼭두각시 옷

은 집에 두고 가."

엄마가 말씀하셨어요.

"싫어. 선생님이 가져오라고 하셨단 말이야."

"비 때문에 연습을 못 한다니까."

"알림장 준비물에 적혀 있어서 가져가야 해."

"그럼 체육복은 벗고 가. 땀에 절어서 빨아야 해."

"안 돼. 알림장에 '체육복 입고 오기'라고 쓰여 있
어."

"그건, 선생님이 오늘 비가 올 줄 몰라서 그렇게 쓰신
거야."

"그래도 안 돼."

다빈이는 고집을 부렸어요. 엄마 말씀을 듣지 않고,
우산을 들고 다른 날보다 훨씬 일찍 집을 나섰어요.

"아니, 쟤가 왜 저래?"

출근 준비를 하시던 아빠가 눈을 동그랗게 뜨고 엄마

께 물으셨어요.

"몰라요. 요새는 알림장을 얼마나 열심히 확인하는지. 좋은 일이지요, 뭐."

학교 가는 길에도 비는 쉬지 않고 내렸어요. 하지만 다빈이의 발걸음은 아주 가벼웠어요.

'선생님이 학교에 오는 게 일등이라고 하셨지? 나도 빨리 가서, 아이들이 오기 전에 선생님이랑 또 데이트해야지.'

다빈이는 걸음을 재촉하였어요. 우산 아래로 막 비가 들이쳤어요.

교실 문을 열고 들어가니, 선생님이 벌써 교실에 와 계셨어요.

"다빈이 왔니? 일찍 왔구나."

화분에 물을 주시던 선생님이 다빈이를 흘낏 돌아보며 말씀하셨어요.

하지만 교실에는 이미 다빈이보다 더 일찍 학교에 온 아이들이 여러 명 있었어요. 진수, 은석이, 경호도 와 있었어요. 그래서 선생님과 둘이서 이야기할 기회가 없었어요.

아침에도 털보 선생님은 바쁘셨어요. 화분에 물 주기, 금붕어 모이 주기, 책상 정리하기 같은 것을 하시느라고 이리저리 돌아다니셨어요.

선생님은 아이들이 교실에 들어서면 누구에게나 똑같은 인사말을 하셨어요.

"보라 왔니? 일찍 왔구나."

"한결이 왔니? 일찍 왔구나."

다빈이는 그게 왠지 조금 서운한 마음이 들었어요.

신 나는 운동회
총연습

운동회가 나흘 앞으로 다가왔습니다.

내일은 그동안 연습한 것을 전부 점검하는 운동회 총연습 날이에요. 털보 선생님은 운동회 총연습에 대해서 오래 설명하셨어요. 그러면서 여러 번 강조를 하셨지요.

"총연습은 진짜 운동회랑 똑같이 하는 거예요. 그래서 내일 책가방을 가져오지 않아요. 총연습만 하는 거예요."

다음 날, 아침부터 1학년 2반 교실에서 온통 난리가 났어요. 영철이 때문에 일어난 소동이었어요. 영철이가 장난감 총을 가져와서, 아이들에게 쏘는 시늉을 하며 마구 뛰어다니는 거였어요.

오늘은 운동회 총연습 날이어서 아이들도 모두 들떠 있었어요. 영철이가 장난감 총을 쏘며 소리를 지르고 다니자, 다른 아이들도 같이 날뛰었지요.

소동은 선생님이 교실에 들어오고 나서야 간신히 그쳤어요. 털보 선생님이 큰 소리로 영철이를 부르셨어요.

"왜 학교에 장난감 총을 가지고 왔어? 그런 건 집에서만 가지고 노는 거야."

털보 선생님은 화가 많이 나신 모양이에요. 다른 날과 달리, 아주 크게 영철이를 나무라셨어요. 영철이가 "으앙!" 하고 울음을 터뜨렸어요.

"뚝, 그쳐! 운다고 다 되는 게 아니야. 학교에 장난감 총을 가져오는 녀석이 어디 있어?"

선생님이 눈을 부릅뜨고 더 크게 나무라셨어요. 영철이가 어깨를 들썩이며 흐느꼈어요. 그러더니 갑자기 선생님께 따지듯이 말했어요.

"어저께, 선생님이 총 갖고 오라고 했잖아요?"

"내가 언제 총을 가져오라고 했어?"

"했어요, 했어요, 했어요!"

영철이가 소리를 지르며 대들었어요. 아이들은 모두 어리둥절했어요.

"오늘은 가방을 가져오지 말라고 했어요. 그리고 총 연습도 한다고 했어요. 분명히

그랬어요, 그랬어요, 그랬어요!"

아이들이 킥킥거리고 웃기 시작했어요. "바보!"라며 킬킬거리는 아이도 있었어요.

털보 선생님이 잠깐 영철이를 바라보셨어요. 그러더니 울고 있는 영철이에게 다가가셨어요. 선생님이 무릎을 구부리고 영철이를 안아 주시며 말씀하셨어요.

"아, 그래, 맞아. 미안하다. 선생님이 바보였구나."

선생님이 활짝 웃는 얼굴로 아이들에게 말씀하셨습니다.

"우리 영철이가 정말 멋진 생각을 했어요. 돌아오는 이번 토요일, 우리 반은 모두 장난감 총을 가지고 와서

한 시간 동안 신 나게 총 연습을 하겠어요."

"우와!"

아이들은 교실이 떠나가라고 고함을 질러 댔어요. 영철이 덕분에 세상에서 가장 신나는 운동회 총연습을 하게 된 것이에요.

선생님은 순 거짓말쟁이

가을이 깊어 갔습니다.

알록달록 물들었던 나뭇잎들이 뚝뚝 떨어지기 시작했어요. 벌써 앙상해진 가지도 있었어요.

11월의 마지막 토요일, 다빈이는 아침 일찍 학교로 향했어요. 아침밥도 먹는 둥 마는 둥 하고 집을 나선 거예요.

'오늘은 내가 학교에 일등으로 가야지. 그래서 털보

선생님을 깜짝 놀라게 해 드려야지.'

다빈이는 걸음을 바쁘게 옮겼어요.

학교 가는 길에 아이들이 하나도 없었어요. 정말 이른 아침이었기 때문이에요.

다빈이는 선생님보다 교실에 먼저 들어가서 선생님 시늉을 하기로 마음먹었어요.

"선생님 오셨어요? 일찍 오셨네요."

목소리를 가다듬은 후 선생님 말투를 흉내 내었습니다.

"킥킥킥."

쳐다보는 사람도 없는데, 다빈이는 혼자서 배를 움켜쥐었어요.

다빈이가 그렇게 말하면 선생님이 어떻게 하실까요? 정말 궁금했어요. 다빈이는 기분이 좋았어요. 콧노래가 저절로 나왔어요.

학교 운동장에는 동네 어른 몇 사람이 축구공을 차고 있었어요. 하지만 현관에도, 복도에도 아이들은 하나도 보이지 않았어요.

'오늘은 내가 정말 일등이야.'

다빈이는 기분이 좋았어요. 선생님을 놀라게 해 드리는 게 재미있을 것 같았지요.

교실 뒷문을 살짝 열었어요. 그리고 쏙 교실로 들어갔어요.

그런데 이게 웬일이에요?

선생님이 벌써 교실에 와 계신 것이었어요.

'뭐야?'

자기보다 먼저 와 계신 선생님을 보고 맥이 풀렸어요.

'어휴, 바보 선생님.'

다빈이는 선생님을 원망했어요. 선생님은 허리를 구부려 어항 속을 들여다보고 계셨어요. 아직 다빈이를 보지 못하신 모양이었어요.

"다빈이 왔니? 일찍 왔구나."라고 하시지 않은 걸 보면 알 수 있어요.

다빈이는 꾀가 하나 떠올랐습니다.

'선생님을 깜짝 놀라게 해 드려야지.'

다빈이는 발소리를 죽이고, 살금살금 선생님 뒤쪽으로 다가갔어요. 선생님은 어항 속을 들여다보느라 여전히 정신이 없었지요.

"꺄, 악!"

있는 힘을 다해서 다빈이가 소리를 질렀어요.

"애고, 깜짝이야!"

선생님이 소리를 지르며 뒤를 돌아다보셨어요.

"깜짝이야!" 그렇게 말씀은 하셨지
만, 선생님은 별로 놀라신 것 같지 않
았어요. 그냥 놀란 척해 주시
는 것 같았어요.

"다빈이 왔니? 일찍 왔구나."

오늘도 딱 두 마디였어요.

다빈이는 조금 섭섭했어요. 자기는 아침 일찍부터 선생님 생각만 했었기 때문이에요.

선생님이 다시 웃는 얼굴로 물으셨어요.

"왜 이렇게 아침 일찍 왔어?"

"선생님, 놀라게 해 드리려고요."

"그랬어? 선생님이 정말 깜짝 놀랐다."

"피."

말씀은 그렇게 하셨지만, 그건 순 거짓말이에요. 선생님이 놀라지 않은 걸 다빈이가 모두 눈치챘으니까요. 고양이 걸음으로 살금살금 들어오니까 일부러 모른 척해 주신 게 틀림없어요.

'치, 연기도 빵점이야. 순 엉터리 선생님!'

선생님이 다빈이의 표정을 읽으신 모양이에요. 다빈

이의 볼을 살짝 쥐었다 놓으시며 환하게 웃으셨어요.

"뭐하고 계셨어요, 선생님?"

"금붕어랑 이야기하고 있었지. 얘들이 왠지 힘이 하나
도 없어 보이잖아. 이유를 물었더니, 물을 오래 갈아 주
지 않아서 그런 거라고 투정을 부리는구나."

선생님이 빙긋 미소를 지으며 말씀하셨어요.

다빈이는 아주 멋진 생각이 하나 떠올랐어요.

토요일 오후였어요.

집에 돌아갔던 다빈이는 슬그머니 혼자서 다시 학교
로 왔어요. 교실로 가서 양동이를 들고 어항 앞으로 갔
어요. 어항 안의 물을 컵에다 모두 떠서 양동이에 담았
어요. 양동이를 낑낑거리며 밖으로 들고 나가 물을 쏟아
버렸어요.

수돗가에 가서 양동이에 새 물을 받았어요. 그걸 교실

로 들고 왔어요.

　다빈이는 새 수돗물을 어항 안에 가득 채웠어요. 더러운 물을 버리고 새 물을 넣어 주었더니 금붕어들이 팔딱거리며 신 나게 헤엄을 쳤어요. 펄펄 뛰는 금붕어들을 보고 흐뭇해하실 선생님을 생각하니 다빈이는 기분이 좋아졌어요.

　다빈이는 마치 춤이라도 추듯이 경쾌한 발걸음으로 집으로 돌아왔어요.

월요일 아침이 되었어요. 교실 문을 여는 다빈이의 가슴이 두근거렸어요.

"누가 이렇게 이쁜 일을 했을까?"

털보 선생님이 물으시면, 뭐라고 대답을 하지?

그런 생각을 하니, 가슴이 설렜어요.

교실 문을 열었어요. 선생님이 어항 앞에 서 계셨어요. 선생님 주변에 아이들도 모여 있었어요. 그런데 선생님 얼굴에 근심이 가득했어요. 어항의 금붕어들이 힘이 하나도 없었던 거예요.

"새 수돗물을 그대로 넣은 모양이야. 어떤 못된 녀석이 어항에다가 새 수돗물을 넣었을까?"

그 소리를 들은 다빈이는 갑자기 가슴이 동동거렸어요. 아이들이 여기저기서 뭐라고 수군거리고 있었어요. 왈칵 울음이 터져 나올 것 같았어요.

다빈이는 교실 문을 열고 슬그머니 밖으로 나왔어요. 복도를 지나, 운동장을 가로질러서 등나무 교실로 달려갔어요. 등나무 가지들이 앙상했어요. 얼마 남지 않은 이파리들이 바람에 힘없이 팔랑거렸어요. 다빈이는 돌벤치에 주저앉으며 손으로 얼굴을 감쌌어요.

"순 거짓말쟁이 선생님. 물이 더러워서 금붕어들이 힘이 없다고 해 놓고선……."

엄마 얼굴이 떠올랐어요. 엄마가 보고 싶었어요.

"거짓말쟁이, 거짓말쟁이! 나쁜 선생님, 나쁜 선생님!"

날씨도 쌀쌀했지만, 다빈이의 가슴 속은 더욱 쓸쓸했

어요.

그때였어요. 누군가 뒤에서 다빈이를 부드럽게 안아 주는 것이었어요. 그러더니 귀에다 대고 속삭였어요. 털보 선생님의 목소리였어요.

"다빈아, 미안해. 정말 미안해! 너는 잘못한 게 아무것도 없어. 선생님이 제대로 설명을 못 한 거야. 금붕어는 다른 물로 갈아 주었으니까 이제 곧 괜찮아질 거야. 걱정하지 말렴."

털보 선생님의 가슴이 참 따뜻했어요.

다빈이는 선생님을 향해 뒤로 돌아앉았어요. 그랬더니 다빈이의 뺨에 선생님의 수염이 닿았어요. 털보 선생님의 수염이 따가운 줄 알았더니 그게 아니었어요. 선생님이 다빈이의 볼에 수염을 막 비벼 댔어요. 다빈이가 간지러워서 킥킥거렸어요. 하지만 그러면서도 다빈이는 선생님 품에서 떨어지지 않았어요.

안녕,
털보 선생님

겨울 방학도 끝나고, 다시 개학을 한 지 열흘이 지났습니다.

내일은 1학년의 마지막 날, 종업식이에요. 이제 3월이 되면 다빈이는 2학년이 될 거예요. 1학년 동생들도 생길 거예요. 하지만 다빈이는 그게 별로 좋지 않았어요. 털보 선생님과 헤어져야 할지도 모르기 때문이에요.

'치, 2학년 때도 털보 선생님 반을 하면 되지, 뭐.'

그러고 싶었지만, 다빈이도 그게 쉽지 않다는 걸 알고 있었어요.

다빈이는 알림장을 펼쳤어요. 종업식 날인 내일은 준비해 갈 게 아무 것도 없었어요. 그때 마침, 엄마가 방으로 들어오셨어요. 그러더니 눈을 동그랗게 뜨고 물으셨어요.

"다빈아, 너희 선생님이 내일 전근을 가시니?"

"전근이 뭐야, 엄마?"

"전근은 선생님이 다른 학교로 떠나시는 거야."

"선생님이 왜 다른 학교로 떠나?"

"선생님들은 원래, 몇 년마다 한 번씩 학교를 옮기는 거야."

다빈이는 가슴이 철렁했습니다.

다음 날, 다빈이는 아침 일찍 집을 나섰어요. 아주 이른

시간이었지요. 늦겨울 바람이 옷깃을 매섭게 벌리고 달려

들었어요. 다빈이는 손을 호호 불며 교문에 들어섰어요.

모자를 뒤집어쓴 어른 몇 사람이 운동장을 달리고 있었어

요. 다빈이는 교실 쪽으로 바쁘게 걸음을 옮겼어요.

교실에서 털보 선생님이 커다란 상자 속에 물건을 담

고 계셨어요. 떠나실 준비를 하는 모양이에요. 책상 위

에 있던 책들도 말끔히 정리되어 있었어요.

"다빈이 왔니? 추운데, 왜 이렇게 일찍 왔어?"

선생님이 활짝 웃으시며 다빈이를 맞아 주셨어요.

다빈이는 선생님께 제대로 인사도 드리지 않고, 따지

듯이 물었어요.

"선생님, 다른 학교로 전근을 가세요?"

"……."

"……."

"……."

선생님은 아무 대답을 않고, 물끄러미 다빈이를 바라보기만 하셨어요.

"안 가시면 안 돼요?"

"……."

"선생님 가시는 거 싫, 어, 요."

다빈이가 계속 떼를 쓰자, 선생님이 엉뚱한 말씀을 하셨어요.

"다빈아, 우리가 헤어지더라도 나중에 다시 만날 수 있을 거야. 혹시 아니? 우리 다빈이가 선생님이 전근 가는 학교로 전학을 오게 될지."

"……."

그건, 그건 정말 말도 안 되는 소리였어요.

다빈이는 고개를 돌려 밖을 내다보았어요. 창밖의 겨울 하늘이 시리도록 파랬어요.

선생님이 갑자기 목소리를 조금 장난스럽게 바꾸시며

다빈이에게 물으셨어요.

"다빈아, 그런데 선생님이 너한테 정말 궁금한 게 하나 있어."

"……뭔데요?"

"너는 아직도 노래 부르기가 싫으니?"

"……."

"애고, 애고, 싫은 모양이로구나."

"……."

"……."

"아녜요."

"아니야?"

"……."

"이제 아주 쪼끔은 좋아졌어?"

"쪼, 끔, 아녜요."

"그럼?"

"……."

"……."

"노래 부르기가 이 세상에서 제일 좋아요. 털보 선생님이랑 노래 부르기."

다빈이가 대답을 했어요. 그렇게 말했더니 갑자기 다빈이는 가슴이 아려 왔어요. 눈물이 쏟아질 것 같았어요.

털보 선생님이 말없이 한참 동안 다빈이를 바라보셨어요.

선생님의 눈동자가 조금씩 붉어지기 시작했어요.

그렁그렁, 눈에 눈물이 어렸어요.

'어른이 울다니……. 정말 바보 선생님이신가 봐.'

털보 선생님이 다빈이를 꼬옥 안아 주셨어요. 그러더니 귀에다 속삭이셨어요.

"다빈아, 사랑한다!"

울먹거리는 목소리였어요.

다빈이의 두 눈에서도 따뜻한 눈물방울이 볼을 타고
흘러내렸어요.

겨울 해님이 창밖에서 그런 두 사람을 물끄러미 바라
보며 빙긋 웃고 있었지요.

자율성은 성공적인 아이로 자라는 데 가장 절실한 요소

우리나라 초등학교 교육 목표

교육과학기술부가 고시한 현행 우리나라의 교육과정에 나타난 초등학교의 교육 목표는 다음과 같습니다.

초등학교의 교육은 학생의 학습과 일상생활에 필요한 기초 능력 배양과 기본 생활 습관을 형성하는 데 중점을 둔다.

가. 풍부한 학습 경험을 통해 몸과 마음이 균형 있게 자랄 수 있도록 하며, 다양한 일의 세계에 대한 기초적인 이해를 한다.

나. 학습과 생활에서 문제를 인식하고 해결하는 기초 능력을 기르고, 이를 새롭게 경험할 수 있는 상상력을 키운다.

다. 우리 문화에 대해 이해하고, 문화를 향유하는 올바른 태도를 기른다.

라. 자신의 경험과 생각을 다양하게 표현하며 타인과 공감하고 협동하는 태도를 기른다.

결국 초등학교에서는 6년간의 교육과정을 통하여 학생들에게 '학습과 일상생활에 필요한 기초 능력과 기본 생활 습관'을 반드시 길러 주어야 한다는 것입니다.

학생들이 학습이나 일상생활에 필요한 기초 능력과 기본 생활 습관을 올바르게 형성하기 위하여 가져야 할 핵심 가치관은 어떤 것일까요? 그것은 바로 '자율성과 책임감' 입니다.

그런데 자율성과 책임감은 어느 순간에 저절로 갖추어지는 것이 아닙니다. 그것을 몸에 익히기 위해서는 아주 오랜 시간 동안의 훈련이 필요합니다. 특히 이 훈련은 적어도 초등학교 입학 시기, 가능하다면 그 이전부터 지속적으로 반복하여 지도하여야만 바람직한 인간상을 형성할 수 있습니다. 학생들에게 이러한 자율성과 책임감을 형성하게 하는 데 가장 결정적인 기여를 할 수 있는 사람은 바로 부모님입니다. 특히 우리나라의 가정 문화에서는 그중에서도 어머니의 역할이 결정적으로 중요하다는 사실을 절대 잊어서는 안 됩니다.

★ 초등학교 교육과정에 나타난 자율성과 책임감

2011학년도부터 초등학교에 적용되는 '2009 개정 교육과정'에 의한 초등학교 교육과정의 편제는 이전과는 조금 변화가 있습니다. 편제라는 것은 초등학교 교육과정이 어떤 형태로 구성, 편성되었는가를 가리키는 말입니다. 초등학교의 교육과정은 '교과(군)'와 '창의적 체험활동'의 두 가지로 편성하였습니다. 이전 교육과정까지 편제에 있던 재량활동과 특별활동은 창의적 체험활동으로 묶었습니다.

1~2학년의 교과는 국어, 수학, 바른 생활, 슬기로운 생활, 즐거운 생활의

다섯 과목입니다. 초등학교 1~2학년 어린이들은 학교에서 이 다섯 가지 과목만을 공부한다는 것입니다. 이전 교육과정에서 초등학교에 막 입학하여 공부하던 '우리들은 1학년' 이란 과목은 창의적 체험활동에 포함하였습니다. 창의적 체험활동 영역은 자율 활동, 동아리 활동, 봉사 활동, 진로 활동의 네 가지로 나누어 1주일에 평균 세 시간 정도씩 공부하게 되어 있습니다.

우리나라 초등학교 교육과정은 모든 교과에 걸쳐 활동 중심을 표방하면서, 학습 목표를 학생들이 성취할 기능이나 활동으로 제시하였습니다. 교과서에는 이런 내용들이 보다 구체적인 활동 모습으로 제시되어 있는데, 특히 1학년은 거의 모든 교과의 내용이 놀이 중심입니다. 학생들은 놀이하고 활동하는 과정을 몹시 즐거워하는데, 이런 활동을 통하여 자신의 특성과 개성을 맘껏 발현할 수 있습니다.

초등학교는 한 분의 선생님 지도 아래 많은 학생들이 단체로 생활하는 사회입니다. 이러한 공동체를 유지하기 위한 최소한의 규율은 책임감입니다. 활동 중심 교육과정을 수행하는 학생들에게 기본자세로 요구하는 것도 스스로 계획하여 실행하는 자율성입니다. 초등학교 교육과정에는 이러한 자율성과 책임감에 관한 학습 요소들을 주로 '바른 생활' 교과와 '창의적 체험활동' 영역을 통하여 지도하도록 되어 있습니다.

★ 자율성의 개념

'자율' 이란 '외부의 간섭 없이 자기 혼자 한다' 라는 의미와 '자신을 스스로 통제한다' 라는 두 가지 의미를 가지고 있습니다. 그러니까, 자율이란

'스스로가 정한 일정한 규율에 의하여 자신의 행동을 통제'하는 것입니다. 그러므로 어린이가 자율성을 발휘한다면 스스로 판단하고, 행동하되 부모나 선생님 같은 감독자에 의해서가 아니라 자기 스스로에 의해서 지배를 받는 것입니다.

자율성은 발달 과정을 보면 사람들은 일반적으로 유아기에 자율의 첫 체험을 갖게 됩니다. 생리적 성숙이기도 한 '대소변 가리기' 같은 자기 통제 경험을 통해서 '통제에 대한 성취감'을 맛보게 되는 것입니다. 지적 발달이 이루어지는 초등학교 입학기에는 일정한 규율을 스스로에게 약속하면서 다른 사람과 상호작용을 하게 됩니다. 이 과정에서 어린이들은 다른 사람에게 피해를 주지 않는 범위 내에서 스스로의 의사결정을 하며 욕구를 충족시키는 자율성을 경험하기 시작합니다.

★ 책임감의 개념

'책임감'은 '다른 사람을 방해하지 않으면서, 자신의 욕구를 충족시키는 능력'입니다. 책임감이 강한 사람은 자신의 일을 성실히 수행하는 데 그치지 않고, 보다 훌륭한 결과를 성취하려고 애를 쓰게 됩니다. 스스로의 욕망을 채우기 위해서는 반드시 자신이 해야 할 일이 있습니다. 누구도 대신해 줄 수 없는 그 일을 스스로 노력하여 이룰 때, 성공의 성취감은 더욱 커다란 것입니다.

초등학교에 학생들이 입학하게 되면 그동안 부모에게 일방적으로 의존하던 대인 관계에서 교사와 또래 집단이라는 두 가지 새로운 사회와 만나게

됩니다. 이런 상황에서 어린이들은 집단에 대한 책임감과 집단 내에서 개인의 책임감을 배우게 됩니다.

많은 연구에 따르면, 초등학생의 책임감 수행 정도는 부모의 자녀 양육 방식에 따라 커다란 차이가 있다고 합니다. 자녀의 행동을 이끄는 부모의 역할이 아주 중요하다는 것입니다. 지나치게 권위적인 부모의 자녀들은 위축적 행동 때문에, 신뢰감을 주지 못한다고 합니다. 하지만 지나치게 허용적인 부모에게서 자란 자녀들은 일반적인 아이들에 비하여 자제력과 탐구심이 부족하다는 보고가 있습니다. 따라서 부모들은 상황에 따라서 자녀들에게 엄격함과 자애로움을 적절히 분배하여 발휘하는 슬기가 필요할 것입니다.

★ 자율성 신장의 필요성

초등학생은, 세상이 조금씩 넓어지고 '나'라는 존재감이 머리에 자리를 잡기 시작하는 시기입니다. 자녀가 초등학교에 입학하기 이전까지의 부모 역할은 일방적인 베풂의 시기라고 할 수 있습니다. 그러나 자녀가 초등학생이 되면 이런 방식만으로는 자녀를 온전하게 키울 수 없습니다.

부모들은 자녀의 성장 과정에서 이제 '내 아이가 초등학생이 되었다'라는 단순한 변화가 아니라 '우리 집에 초등학생이라는 새로운 존재가 생겼다'라는 낯선 감정을 겪게 될 수 있습니다. 이런 어색한 느낌은 어린이들도 다르지 않습니다. 유치원을 마치고 초등학교에 입학한 어린이들은 '초등학생 노릇'이라는 역할 압력의 부담을 갖게 되는 것입니다.

어린이들이 초등학교에 입학을 해서 만나는 공동체는 그동안 자신이 경험해 오던 그룹의 생활과는 전혀 다른 문화를 가진 곳입니다. 그러므로 부모는 이제까지의 일방적인 양육 태도에서 벗어나 '자기 정체성'을 형성하기 시작한 인격체로서의 아이가 소통하고, 존중하는 공동체 생활을 하도록 돕는다는 인식을 가져야 합니다. 초등학생은 이러한 학교생활의 규범과 가치를 익혀야만 학교생활에 올바르게 적응할 수 있습니다. 이렇게 성공적인 아이로 자라나는 데 가장 절실한 요소가 바로 자율성인 것입니다.

★ 자율성 신장의 구체적 방법

1. 가정생활

① 제 시간에 자고, 일찍 일어나기

 - 10시 정도에 잠자리에 들고, 아침 7시 정도에 반드시 일어나기

② 화장실 사용법 익히기

 - 화장실에서 차례 지키기, 노크하기, 화장지 아껴 쓰기, 사용 후 물 내리기

 - 학교는 좌변기나, 비데가 없는 곳이 많다는 사실을 이해하기

③ 자기 물건 스스로 챙기기

 - 병소 집에서 놀이를 할 때, 장난감 등을 스스로 꺼내고 치우도록 훈련하기

④ 준비물에 이름 쓰기

　－ 책임감을 기를 수 있도록, 준비물에 자기의 이름을 써서 붙이기

⑤ 기본적인 주의 사항 알려 주기

　－ 스스로 일어나 세수하고 이 닦기, 자기 혼자 힘으로 옷 입기, 책가
　　 방 챙기기, 교통 신호 지키기, 낯선 사람 대하는 방법 알기

2. 학교생활

① 집단생활에 잘 적응하기

　－ 공동체인 학교생활에서 집단의 규범과 가치관을 존중하기

② 학교 가는 길 스스로 익히기

　－ 교통사고의 위험으로부터 자신의 안전을 지키기

　－ 위험한 골목길, 올바른 횡단보도 통행 방법 익히기

③ 알림장 사용 방법 익히기

　－ 알림장을 기록하는 연습 철저히 하기

　－ 그날 해야 할 과제와 다음 날의 준비물 바르게 적어 오기

④ 자기 생각을 확실하게 표현하기

　－ 수업 시간에 손을 들어 자신의 생각 말하기

　－ 바른 자세로 확실하고, 분명하게 표현하기

⑤ 다른 사람의 말 경청하기

　－ 친구의 말을 귀담아 듣지 않고, 자기 주장만 하면 교우관계에 문제
　　 가 생긴다는 것을 알기

– 다른 사람의 말을 경청하는 훈련하기

⑥ 화장실 다녀오는 습관 들이기

　– 쉬는 시간에는 반드시 화장실에 다녀오기

　– 수업 시간에는 절대 가지 않도록 자율적으로 습관 들이기

3. 초등학교 입학 전 아이에게 가르칠 것

① 학교와 선생님

　– 학교는 즐거운 곳, 선생님은 친근한 분이라는 사실을 알려 준다.

　– 공부에 부담을 주는 말을 하지 않는다.

② 자기 물건 챙기기와 주변 정리

　– 아이가 스스로 자신의 물건을 챙기도록 격려하고 돕는다.

　– 조금 서툴고 어설퍼도 스스로 준비물을 챙기고, 정리 습관을 갖도록 살핀다.

③ 하면 좋은 말

　– "모르는 것이 있으면 선생님께 여쭈어라."

　– "선생님께서 아주 잘 도와주실 거야."

　– "그렇게 한 걸 보면, 선생님이 참 좋아하시겠는걸."

④ 해서는 안 될 말

　– "선생님 말 안 들으면, 선생님한테 혼나."

　– "그렇게 하면 선생님께 일러 줄 거야."

　– "그러면 친구들이 너랑 안 놀아 줄 거야."

제대로 된 인성 교육은 삶의 가치를 바꾸어 놓습니다

바른 인성을 가진 아이가 밝은 미래를 이끌어 갑니다.
스스로 정의롭고 아름다운 인생을 가꿀 수 있는 방법을 가르쳐 주세요.

★한국문화예술위원회 선정 우수문학도서★
★어린이문화진흥회 선정 좋은 어린이 책★
★한우리 선정 굿북★

① 세상에서 제일 잘난 나(자신감)
② 꼴찌여도 괜찮아(끈기)
③ 먼저 손을 내밀어 봐(화해)
④ 달라진 내가 좋아(좋은 습관)
⑤ 너 때문에 행복해(배려)
⑥ 우리 반 암행어사(리더십)
⑦ 그래, 결심했어!(절제)
⑧ 강아지로 변한 날(고운 말)

각권 80쪽 내외 l 각권 8,000원

일주일 만에 끝내는 교과서 시리즈

1학년

2학년

공부를 잘하려면 어떻게 해야 하지?

동화로 배우는 신나는 교과서!

1. 일주일 만에 끝낸다!

월, 화, 수, 목, 금, 토, 일. 일주일 만에 학습의 핵심을 잡을 수 있습니다. 현행 교육 과정에 기초한 초등학교 교과 내용과 초등학생에게 꼭 필요한 교양 기초 상식 학습을 일주일 만에 끝낼 수 있도록 정리해 주었습니다.

2. 함정에서 탈출시킨다!

어린이들이 학교 수업에서 자주 빠지는 함정이 있습니다. 잘못 알고 있는 개념이 오답을 부르고, 이것이 공부에 자신감을 잃게 만듭니다. 시험에 속기 쉬운 오개념을 확실하게 잡아 주어 더 이상 함정에 빠지지 않도록 해 줍니다.

3. 입체적인 학습 효과!

[학습 만화 + 동화 + 문제]를 통해 재미없고 지루할 수 있는 학습을 재미있게 구현했습니다. 각 장의 도입 부분은 만화로 꾸며지고, 그 뒤에 재미있는 동화 한 편, 그리고 다시 복습할 수 있는 문제를 덧붙였습니다.

로운어린이교육연구회 기획 · 글 | 각권 11,000원